INTENSE FEELINGS OF LOVE

LOVE WHAT YOU ARE GOING THROUGH

एस सहि

Made with ❤ on the Notion Press Platform
www.notionpress.com

This book dedicated to all my loveone who has given me
such feel of love.

Contents

Acknowledgements

I am very grateful to my mother, and all my loveone who have given me a great inspiration in bringing this book to the ground. Thank you very much for this partnership.And thanks to Notion Press who provided such a platform so that I can reach to the people.
Most grateful to my readers who have given so much love and encouragement which inspires me to write more.

Few lines, I wish to dedicate my mom...

❦❦❦

Manzeel Door Hai Aashiyana Chhut Gaya,

Apno Se Bichhad Kar Muskurana Chhut Gaya,,

Jis Aanchal Aur Kajal Se Din Ki Suruaat Hoti Thi,,

Us Maa Ka Ab Ek Jhalak Pana Chhut Gaya...

❦❦❦

Ye book suru hoti hai 2009 se but maine isse sum up kiya ab. Jab hamare andar kisi ke liye koi feelings hoti hai par ham kah nahi pate but kahna bahot kuchh hota hai. Dil hamara extremely excited hota hai, un feelings ko batane ke liye but juban pe baat nahi aati.

To kahin na kahin hame feelings ko words me apne us insaan tak pahuchane ke liye kosis karte hain.

Us kosis me ek ek kadi jodne kis kosis hai ye book. Pyaar ke har padav ke har chhote bade lamho ka ahsas karati hai ye book. O khachakhach bhare kamre me sirf aur sirf do logon ke hone ka ehsaas hai ye book. Ap apne har lamhe ko jee sakte hai fir se. Love hamari jindagi me bahot changes karta hai.kai baar hame apni feelings ko batane ka mauka milta hai kai baar nahi milta hai. Agar nahi mila bhi koi baat nahi par feel to huaa, but feelings sabse amazing hai.

Intense Feelings of Love

Jab hame teenage me pyaar hota hai to hame ek intense wali feelings hoti hai ki kya bataye!! Ye to sab ne feel Kari hogi jab pahli baar, ya teenage me pyaar hua hoga. To usme hame kisi ka gyaan samajh me nahi aata, Jo log bolte hain na, ki ladkiyon/ ladko ke chakkar me na padna nahi to future barbad ho jayega. Us time to bas yahi lagta hai, ki kash!! yahi hoti to zindagi ban jati/jata.
Ye usi pyaar ko yaad karte hue padhiyega ...

❧❧❧

Tadap Ho Didaar Ki To Pyaar Use Kahate Hain,,
Jab Aankhon Me Surat Ho Dildaar Ki To Pyaar Use Kahate hain,,
Jab Baaten Samajh Me Na Aaye Samajhdaar Ki To Pyaar Use Kahte Hain....

❧❧❧

Intense Feelings of Love

Ham sab kabhi na kabhi is moment ko jaroor jiya hoga ki, jab kisi ka intazaar kahi khade hoke kiya hoga, ye soch ke, ki Kash o ek baar dekh leti to mera din ban jata.Ye unke liye hai jo kabhi kah nahi paye, par halat mar jane wali thi.....
Ye o pyaar hai jisme ijjat itni ki samne wale ke liye sirf ap hi nikalta hai...

ᵕᵕᵕ

Apse Milne Ko Betaab Ham Bhi Hain,,
Raste Me Khade Apke Janaab Ham Bhi Hain,,
Suna Hai Ki Padhne Ka Shauk Bahut Hai Apko,
Padh Lijiye Hamko Kyonki Khole Dil Ki Kitaab Ham Bhi Hain...

ᵕᵕᵕ

Intense Feelings of Love

Har couple ki do khwahish hoti jo shayad universal hoti,
ek baarish me sath bhigna ka aur dusra full moonlight me
sath rahne ka.
To barish aur chand ka bahot importance hota love talks
me. Isi pe char khubsurat lines dekhiye agar ap tak
pahuch jaye to jarur waah waah kar dijiyega.....

ϷϷϷ

Shaam Hai,Chaand Hai Par Aap Nahi Ho,
Yaad Aapki Aaye Aur Mulakaat Nahi ho,,
Thoda Azeeb Lagata Hai Ye Kahna,,
Ki Aap Hamse Mile Aur Barshaat Nahi Ho...

ϷϷϷ

Intense Feelings of Love

Badi shikayat hoti hai unlogon se jo hamari is bepanah
mohabbat ko samajh nahi pate.
Ham unhe kaise batayen ki hamara dil kya kya sochta hai
unke liye. Phir bhi o kuchh bhi nahi bolte hain....
Ye un logon ke liye hai jinki mohabbat ko aage wala
samajh na paya ho...
Dil se padhiyega agar pahoch jaye to jarur bataiyega..

ϷϷϷ

*Aashiqon Ki Aashiqi Ko Ishkadar Thukraya
Nahi Karate,,
Unse Berukhi Apnaya Nahi Karte,,
Jo Jhol Ke Rakh De Dil Apna Aapke Samne,,
Unse Apna Dil Chhupaya Nahi Karte...*

ϷϷϷ

Intense Feelings of Love

Kai baar hamara ego hi hame apne dil ki baat kahne se rok deta hai ye bol ki tumhe pahle nahi bolna, o bolegi/ bolega tabhi bolna hai aur kahin na kahin es se bhi ham us insaan ko kho dete hain jo hamare dil ko sabse jada pasand hota hai....
To ap sabse yahi request hai kahin " pahle ap pahle ap" ke chakkar me o waqt hi na nikal jaye.
Ye lines apko samjha paye to shayad ap bach jaye kisi ko khone se

ᖽᖰᖽᖰᖽᖰ

Wo Mohabbat Ke Alfaz Labon Par Aa Na Sake,
Dil Ki Bat Unse Bata Na Sake,,
Aaj Yaad Liye Baithe Hain,
Us Din Guroor Ko Dil Se Samjha Na Sake...

ᖽᖰᖽᖰᖽᖰ

Intense Feelings of Love

Kuch mohabbat aise khatm hoti hai jinka kasak aj bhi hamare dil me hota hai. Us shakhs ka har chiz hamare Jahan me baith jati hai. Log kahte hain na move on kar gaye but agar galti se bhi o samne aa gaye to dil bol hi uthta hai kash!!!!
Us moment tak ye lines pahuchen to unko yaad kar lijiyega

❥❥❥

Wahi Chehra, Wahi Najren, Wahi Muskan Ab Bhi Hai,
Mere Dil Me Mohabbat Ke Wahi Arman Ab Bhi Hai,,
Wo Mujhe Bhul Gayi To Kya Huaa,
Par Mere Labon Pe Unka Naam Ab Bhi Hai ,Ab Bhi Hai ,Ab Bhi Hai...

❥❥❥

Intense Feelings of Love

Jab kabhi koi chiz aisi mil jaye jise ham chahte to bahot ho
par hame lagta ho ki hamari aukat se bahar hai....
Aise hame khud pe yakin kam upar wale pe jada hone
lagta hai
Agar char lines khubsurat lage to muskura jaroor
dijiyega..

❥❥❥

Mujhe Apne Najron Par Aitbar Nahi Tha,
Kaun Kahta Hai Ki Mujhe Unse Pyaar Nahi
Tha,,
Mujhe Yakeen Nahi Tha Apni Kismat Par ,
Aur Unhen Inkar Nahi Tha...

❥❥❥

Intense Feelings of Love

Ek khubsurat baat, pahli baar Milne ki kya hoti hai ,pata hai ? sabne feel Kia hoga, ki jab ham kisi se mohabbat karte hain, to jab ham milte hain to ek duvidha me hote hain, baat bahot Mann me hoti hai, par kar nahi pate.
Aise hi ek baar kya hua, ki mera ek dost gaya apne bade bhai ke sasural. Wahan uske bhaiya ki saali se mila, isse pahle thodi bahot batchit hoti thi par kabhi mile nahi the dono.
To waha shayad koi function tha to us wajah se unko time nahi mila, par mann bahot jada byakool tha ki ab mile aur mil ke baaten kare. Phir mauka mila bhi evening me, ye chai bana ke le gayi aur o ghar ki chhat ke boundry wall pe kohni gadai khade the. Usne chai pakdai aur apni bhi chai leke aayi thi. Ab jo bechaini thi o to khatm thi par ab baat ho nahi Rahi thi bas masoos ho rahi thi.
Usi situation ko mahsoos karati ye chand lines ap tak pahuche to bataiyega..

❧❧❧

Mai Tha, O Thi, Aur Sharm Thi Ankhon Me,,
Samane Baithi Thi Samete Pyaar Ko
Jazbaaton Me,,
Labz Thahare The Unke Labon Pe,
Aur Muskaan Thi Unki Baaton Me...

ᐅᐅᐅ

Intense Feelings of Love

Har insaan kuchh na kuchh sikha ke jata hai hame. Hame dukhi hone ki jarurat nahi bas usse sikhi baaton ko jindagi me leke aage badhte rahne ki jarurat hai. Jaise aasman ko badlon se pyaar hai par badal aate hai aur chale jate hai. Usi tarah se log bhi hamari jindgi me hote hai.
Is feel ko aur garai se mahsoos kariye

ᐅᐅᐅ

Jati Laharon Aur Kinaron Se Sikha,,
Unki Najaron Aur Isharon Se Sikha,,
Ki Aadami Aaya Hai To Jayega Zaroor,,
Phool Khila Hai To Murjhayega Zaroor,,
Ye Saari Baten Baharon Se Sikha,,
Unaki Najaron Aur Isharon Se Sikha...

ᐅᐅᐅ

Intense Feelings of Love

Long distance relationship me aksar door rahne ki shikayat rahati hai, baat baat pe jhagde hote hai. Par aisa nahi hai ki pyaar mar jat hai. Khubsurat baat ye hai baten karti rahni chahiye.
Ye messages hai unlogon ke liye jo long distance relationship me hai..

❦❦❦

Door Hokar Bhi Pass Pass Rahte Ho,
Dil Me Hain Ham Phir Kyun Udaas Rahte Ho,,
Chalo Kabhi Milo To Hamse ,
Batayenge Hamari Zindagi Me Tum Kitane Khas Rahte Ho...

❦❦❦

Intense Feelings of Love

Jo kisi ko dikha ke jala rahe hote hain na, ki mere pas koi hai, jo mujhe special feel karata hai, good morning! good night!! I love you bolta hai
O sun le ... ye us akele chalte soul ki dil ki awaz hai...

ᐅᐅᐅ

Na Jane Kab Gulshan Me Bahar Aa Jaye,,
Hamare Hisse Me Bhi Kisi Ka Pyaar Aa Jaye,,
Mat Jala Ye Kah Ke , Ki Mera Mehboob Aa Raha Hai,,
Kya Pata Mera Bhi Dildaar Aa Jaye...

ᐅᐅᐅ

Intense Feelings of Love

Apko yaad hoga jab hame kisi pe crush hota hai, aur hame pata hai ki hamari aukat nahi hai use pane ki aur galti se agar o hame chahne Lage to us khubsurat feelings ko aise samjhe ....

ᐅᐅᐅ

Kash Ap Meri Mehboob Hoti ,
Hamari Bhi Kismat Kya Khoob Hoti ,,
Aur Kya Mangu Us Bhagwaan Se,,
Mila Diya Jo Itne Khubsurat Insaan Se.

ᐅᐅᐅ

Intense Feelings of Love

Hamari zindagi me ek insaan Aisa aata hai, jisse door hoke aisa lagta, ki ye nahi to kuchh nahi.Aise khubsurat riste ko aur insaan ke liye ...

ᕤᕤᕤ

Apki Najaron Ka Ham Ehsaan Mante Hain,,
Apni Mohabbat Ki Phoolwari Me Apko
Baagwaan Mante Hain,,
Gar Sameel Ho Ap Zindagi Me To Basera
Zannat Ho Jaye,,
Apke Bagiar Is Zindagi Ko Ham Shamshaan
Mante Hain...

ᕤᕤᕤ

Intense Feelings of Love

Yaar jab mohabbat shuru hoti hai, to o pal yaad hai ? jab
ek pal bhi usse baaten kiye bagair, usse dekhe bagair raha
nahi jata, o muskurati hai hai dil khil jata hai roti hai dil
dukhi. Aisa pata nahi kyun, dil ko kisi ki itni phiqra kyun
ho jati hai ....
Char lines apke un dino tak pahuche to bataiyega....

❦❦❦

Aapka Dil Ab Mera Thikana Ban Gaya,
Is Biraan Zindgi Ka Aashiyana Ban Gaya,,
Apake Aansoo Mere aansoo bane,
Aapaka muskurana mera muskurana ban
gaya...

❦❦❦

Intense Feelings of Love

Har koi ka apna andaz hota hai pyaar karne ka usme
gulab common hota hai
Isi pe likha ek khubsurat sa hai....

ᗒᗒᗒ

Socha Ki Tujhe Ek Gulaab De Dun,
Shayar Hun , Shayari Ki Kitaab De Dun,,
Jee Naa Pao Ek Pal Bhi Mere Bagair,
Pyaar Is-Kadar Behisaab De Dun...

ᗒᗒᗒ

Intense Feelings of Love

Jab ham prem me hoten hai to sab kuch itna khubsurat
hota hai, jaise ham kisi aur duniya me jee rahe baki sab
kisi aur duniya me.
To us insaan ke tarif me naa jane kya kya kahte hain. Ham
us insaan ka har parameter ko parkhte hain aur fir bolte
hain......

❥❥❥

Jab Hasti Ho Tum Gulaab Si Lagti Ho,
Chalti Ho To Nabaab Si Lagti ho,,
Zee Karta Hai Tumhe Roz Rulaun,
Kyonki,Roti Ho To Sharab Si Lagti Ho...

❥❥❥

Intense Feelings of Love

Agar ek din baat na ho to aisa lagta hai kya chhut gaya hai us din, agar paas ho aur baat na ho aisa lagta hai kitne door hain.
Us insaan ki ek hello se jaan lete hain uske andar kya hai, kaisi hai o, dukhi hai ya khus hai, kuch kahna hai par kah nahi pa rahi.
Fir bhi itni baaten!! kuch ajeeb sa hain par yahi prem hai, yahi mohabbat hai, yahi love hai.

❥❥❥

Hamari Baaten Adhuri Si Kyun Hai,
Pass Hokar Bhi Doori Si Kyun Hai ,,
Dil Se Jaan Lete Hain Hai Haal-E-Dil,
Phir Ye Baaten Itani Zaroori Si Kyun Hai...

❥❥❥

Intense Feelings of Love

Mujhse jo ladkiya itrati thi, jaise hota nahi hai, ki o kahin na kahin ye ehsaas kara rahi ho ki tumhari daal nahi galegi yahan.
To main unko jameen pe lane ke liye meri is kalpana ka use karta tha.
Agar achha lage to app bhi ajma sakte hain..

❦❦❦

Mere Mehboob Ko Jab Janaab Dekhoge,
Hosh Ud Jayenge Jab Hathon Me Liye Gulaab Dekhoge,,
Noor Pe Aaftaab Dekhoge ,
Raat To Raat ,Din Me Bhi Khwaab Dekhoge...

❦❦❦

Intense Feelings of Love

Mohabbat ka zikra ho aur ankhon ka na ho aisa ho sakta
hai.Hamari muhabbat ki shuruaat hoti hain ye ankhen. In
ankhen ke through koi dil me utar jata hai.
kai baar aisa hota hai ki do log ankhon hi ankhon sab
kuch kah dete hain aur puri duniya ho wahan par koi jaan
bhi nahi pata.
Ye sab kiya hoga jisne mohabbat kiya hoga.

ꕥꕥꕥ

Aapki Aankhon Ka Kayal Hai Koi,
Dekh Kar Inhe Ghayal Hai Koi,,
Chhupa Ke Rakhna,Inhe Bacha Ke Rakhna,
Gar Dekhe Koi Hamare Siwa To Najaren
Apni Jhuka Ke Rakhna..

ꕥꕥꕥ

Intense Feelings of Love

Jab hamse kisi ka sath chhut jata hai ya koi chhod ke chala jata hai hame to ham tut jaten hain, dukhi hoten hain jo natural hai.
But kai log aise hoten hain jo ye samajh lete hain ki ab koi nahi hai uske alwa unke liye ye char khubsurat line se message dena chahta hun ...

❧❧❧

Phark Hota Hai Khuda Aur Phakeer Me,
Phark Hota Hai Hawa Aur Sameer Me,,
Agar Kisi Se Milane Ki Tamanna Adhuri
Rah Gayi Ho To Mat Kosna Apani Kismat Ko
Ai Dost ,
Shayad Usse Bhi Pyaara Milana Likha Ho
Aapki Taqdeer Me...

❧❧❧

Feedback

If you have any feedback then you can share on given mail
ID.
booksagar0@gmail.com